CORPS LÉGISLATIF.

CONSEIL DES CINQ-CENTS.

RAPPORT

ET PROJET DE RÉSOLUTION,

AU NOM D'UNE COMMISSION,

Sur la pétition des Peintres, Sculpteurs, Graveurs, Architectes, relativement au droit de patentes;

Par L. S. MERCIER.

Séance du 25 Vendémiaire, an V.

Citoyens Représentans,

Vous avez nommé une commission pour examiner la pétition des peintres & sculpteurs, graveurs, dessinateurs, architectes, qui se trouvent compris dans un des articles de la loi sur les patentes. On les a rangés dans la cinquième classe; ils réclament au nom des beaux arts, des arts libéraux, qui ont toujours joui, disent-ils, d'une franchise absolue sous le règne même du despotisme.

A

Ils demandent que vous poſiez la limite entre les artiſtes proprement dits & les entrepreneurs en peinture, en ſculpture, en gravure. Il s'agit donc de bien expliquer le ſens à donner aux termes de *peintres* & de *ſculpteurs* inſérés dans la loi ſur les patentes.

Or, pour mieux bouleverſer dernièrement les choſes, vous le ſavez, on a bouleverſé le langage. Dans cette confuſion qui a rebâti parmi nous la tour de Babel, entre autres extravagances, on a ſingulièrement abuſé du mot *artiſte*. Autrefois un peintre étoit un peintre; un joueur de violon étoit un violon; un comédien étoit un comédien; un danſeur étoit un danſeur; aujourd'hui ce ſont des artiſtes (1).

La médiocrité la plus frivole a trouvé ſon compte à cette dénomination bannale, & les profeſſions les plus paraſites ont triomphé, en voyant les nuances qui diſtinguoient les états ſucceſſivement éteintes. L'abus dans ce genre a été pouſſé ſi loin, que peu s'en eſt fallu que Corneille, Monteſquieu & Buffon, ne fuſſent des artiſtes.

Mais l'homme de lettres a répondu aux uſurpateurs de ſon rang, aux peintres, aux ſculpteurs, aux comédiens: Faites de moi un être mutilé, un être pareil au Torſe de Michel-Ange, laiſſez-moi la tête, & je dicterai l'*Iliade* ou *l'Eſprit des lois*. Milton aveugle a fait *le Paradis perdu*.

Nous ſommes forcés de le relever; les peintres, dans leur pétition, ont cru pouvoir s'aſſimiler au géomètre, au poëte, aux écrivains, parce que l'on dit vulgairement que la peinture eſt ſœur de la poéſie. Pour idiote, car il faut écarter cette abſurde prétention. que font tes pinceaux auprès du compas de Newton, auprès de la plume de Tacite & de Virgile? Accourez, peintres de l'univers: uniſſez-vous;

____

(1) On a défiguré beaucoup d'autres mots. Entrez au spectacle, vous y verrez en gros caractères: *Salle de l'administration*; les comédiens ſont en *comité ſecret*. Il y a le *directeur* de l'Ambigu comique; le *directeur* du Théâtre de Nicolet; enfin le *directeur* de l'instruction publique. Ainsi Mascarille, chez Molière, ſe dit marquis: toute grenouille s'enfle.

travaillez un fiècle : jamais vous ne tranfporterez fur la toile le feu , la rapidité , les images , les vers du fecond livre de *l'Énéide*. Vos impreffions mortes ne feront jamais celles des maîtres du fentiment & de la penfée. C'eft que la peinture n'eft que dans la langue écrite : ailleurs , c'eft un enfan-tillage de l'efprit humain (1) , un effort fans ceffe impuif-fant , & le plus fouvent une témérité rifible ; car vouloir peindre le foleil , la foudre , l'œil irrité d'un père , les Alpes , le front d'Héloïfe , le regard de Rouffeau , c'eft folie.

La peinture eft dans la langue des grands écrivains , & quelquefois dans celle des fauvages ; mais elle n'eft que là , la peinture rapide , univerfelle , inépuifable , il faut être grof-fier d'entendement , & lourd d'imagination , pour la chercher dans des formes & des couleurs. Art local , art borné , art éternellement factice , toi qui dépends d'un rayon de foleil & que l'air détruit , toi qu'un jaloux poffeffeur garde fous fa clef , toi qui ne peux appartenir qu'au riche orgueilleux , ne rivalife plus avec l'art d'écrire , qui , fans frais , immenfe comme la nature , rapide comme la penfée , inépuifable comme le fentiment , charme , inftruit & parcourt l'univers.

Un cabinet de tableaux , l'homme fenfible le porte en fon cerveau. Voilà la toile indeftructible où fe peint la nature animée , & il fourit de ces futiles copies , toutes plus ou moins menfongères.

Ainfi le philofophe peut & doit s'affliger profondément de rencontrer dans nos villes tant d'imitateurs des chofes créées , tant d'hommes qui s'obftinent à copier la nature fans avoir vu la nature , qui s'opiniâtrent fur des objets ftériles , qui ufent une vie entière fur des portraits infigni-

---

(1) Quoique la peinture et la fculpture foient aujourd'hui des objets d'admiration prefque univerfelle , il ne s'enfuit pas que la dé-termination de la véritable utilité de ces arts et la fixation des idées à ce fujet foient des penfées tellement indifférentes , qu'on ne puiffe les foumettre à un examen philofophique. Il pourroit apporter dans l'efprit d'un peuple les changemens les plus falutaires rela-tivement à la morale et à l'économie politique.

fians, tant de copiſtes de l'ancienne & éternelle mythologie ou de l'hiſtoire qui lui reſſemble. Il s'afflige de voir un art ſi long , ſi difficile , & qui plus que tout autre nourrit l'ardente jalouſie (1) ; un art ſi ſouvent étranger à la morale, ou même la dépravant, mais toujours inutile au bonheur de l'humanité ; il s'afflige , dis-je , de le voir raſſembler tant de têtes que réclameroient plus utilement l'hiſtoire naturelle , la chymie, la botanique , l'agriculture , & les ſciences exactes.

Et les paroles du plus grand , du plus auguſte des légiſlateurs , qui fit adorer un Dieu unique & dont l'autel eſt encore debout : « *Tu ne formeras aucune repréſentation ,* » *ſoit en bois , ſoit en pierre , ſoit autrement , de toutes* » *les choſes créées , ſoit dans le ciel , ſoit ſur la terre* » : elles ne ſont pas compriſes, ces paroles, de la preſque totalité des hommes. Eh bien! qu'elles reſtent voilées ou inconnues, ces paroles ſublimes, juſqu'à ce qu'il arrive le ſiècle fait pour les entendre.

La peinture eſt la mort des idées intellectuelles (2) & le premier pas vers toute eſpèce d'idolâtrie (3). Elle a donné naiſſance à la luxure & à la plupart des vices qui en découlent.

En gémiſſant ſur ſes travaux ſtériles, & qui, dernièrement, ſous nos yeux , ont aſpiré l'or de la République , tantôt

----

(1) Celle des médecins et des auteurs n'eſt rien en comparaiſon de la leur.

(2) Tout ce que l'on donne ou d'amour ou d'admiration aux formes extérieures ou matérielles eſt ravi à l'intelligence et aux modifications de la penſée. Ses ailes s'engluent, a dit Platon, quand elle contemple trop les objets terreſtres ; plus l'imagination s'y attache, plus elle perd. Elle doit embraſſer tout objet ſans le détailler; quel qu'il ſoit, il n'eſt qu'un dans ſon enſemble, et ne peut plus être peint, puiſqu'il ne peut pas être détaché du cadre.

(3) L'idolâtrie monarchique eſt l'ouvrage des ſtatuaires. On feroit des muſées entiers des ſtatues et des buſtes antiques des Octave, des Tibere, des Néron. Et à quoi a-t-il tenu qu'il n'y eût autant de *Marats* que de *Vierges-Maries* ?

pour des poupées gigantesques , tantôt pour des toiles bizarrement peintes, pour des lions sans vie , pour des aigles sans vol , pour tant de figures éphémères qui , dans nos fêtes publiques , ont offert des caricatures aussi dispendieuses que ridicules (1) ; en livrant la guerre la plus légitime , & au nom de la patrie , à tous ceux qui voudroient couvrir de tableaux les murailles d'une ville , & transformer chaque borne en statue (car je sais que , pour n'être pas nommé Vandale , il faudroit adorer ces productions lourdes & froides , & donner à leurs auteurs & ordonnateurs la République à dévorer) ; en pleurant sur des erreurs fatales & trop accréditées , je n'en serai pas moins ici le défenseur des peintres sculpteurs, graveurs, architectes à trois ordres ; malgré toutes les plaies qu'ils ont faites au trésor public (2), je demanderai que leurs arts puissent s'exercer sans être grevés d'une patente.

Elle n'a rien d'humiliant , il est vrai , puisque c'est donner à la République attaquée de toutes parts par les ennemis de la liberté ; mais la patente pourroit gêner des hommes, les uns peu favorisés de la fortune , les autres qui ne font que commencer leur pénible carrière.

C'est la plus difficile, c'est la plus longue de toutes Il semble que la peinture punisse ses adorateurs ; & après les plus grands efforts, elle récompense encore foiblement le peintre ; car le plus souvent elle le condamne à l'indigence (3). On connoît le vieil adage.

---

(1) Q'on se rappelle ce monstrueux Hercule de la fête de la fédération au mois d'août 1793 , et qui , massue levée , terrassoit le *Fédéralisme* ; il appeloit l'assassinat de vingt-deux représentans du peuple. Tous les peintres et sculpteurs demandoient alors à vivre de la nouvelle martyrologie.

(2) Il ne faut qu'un architecte pour ruiner une maison opulente ; il n'en faut que quatre pour ruiner un état. Le ci-devant prince de Condé avoit ses coffres pleins d'or ; il voulut se loger au palais Bourbon ; il s'endetta de manière à ne pouvoir s'en relever. Le marteau est encore à ce palais ; tremblons !

(3) On parle ici de la foule des peintres ; car il n'est que trop vrai

Nos falons de peinture font remplis de tableaux qui n'ont rien rapporté à leur auteur. Il a fuivi fa libre fantaifie. Ici, c'eft le portrait de l'auteur lui-même; là celui de fon père, de fa mère, de fon frère, de fa fœur, de fon ami. Cet autre a fait hommage de fes talens à cet homme célèbre dont il veut conferver l'image à la poftérité; il a peint cette femme parce qu'elle étoit belle. Ici ce payfagifte, contraint par les circonftances de fe retirer à la campagne, nous offre l'image de fa retraite, dont il parcourt les environs, ou de ce fite heureux qui l'a frappé dans fes voyages. C'eft un tribut à la reconnoiffance, ou un fouvenir délicieux.

Ce tableau d'hiftoire eft l'élan d'une imagination échauffée par la lecture d'un trait héroïque. Le peintre, dès ce moment, a oublié fes befoins; il a tout facrifié pour fe procurer des modèles. Dans l'apprentiffage de fon art, il étoit obligé, pour vivre, de fe defaire d'une partie de fes effets; il en facrifie encore une autre portion pour achever ce qu'il appelle & ce qu'il croit fon chef-d'œuvre. Il a retourné cent fois fon efquiffe, médité des journées entières. L'enthoufiafme, chez lui, remplace toutes les privations. Il a recommencé dix fois fon tableau non encore achevé, & qui, hélas! n'a aucune deftination. Il reftera peut-être dix ans dans fon attelier, à moins qu'il ne l'en laiffe fortir pour une modique fomme; ce à quoi pourra le forcer

---

que l'on a dépensé énormément pour toutes les conftructions où le bois et le plâtre étoient façonnés pour ne fervir à rien le lendemain : ces bois et ces plâtres étoient peints, et ces efpèces d'ouvriers fe trouvent tous à la file; c'eft une armée dévorante. Ils appellent leurs inutiles et coûteux monumens, dont il ne refte aucune trace, *les beaux arts*, et ce mot répond à tout.

Si l'on eût fait pour les gens de lettres et pour le commerce de la librairie la dixième partie de ces folles dépenses, le commerce de la librairie eût rapporté à l'état le centuple de ce qui auroit été avancé : mais prefque tous les hommes en place font de grands enfans; il leur faut des images et des polichinels, alors ils font déclarés les protecteurs des *beaux arts*.

le befoin, ou le defir d'en employer le produit à de nouveaux efforts pour former le pendant.

Si le tableau a un vrai mérite, une fois forti de fes mains,
il acquiert une valeur dont il ne profite point; c'eft l'avide
brocanteur, de tous les marchands, ou plutôt des revendeurs, certes, le plus aftucieux & le plus audacieufement frippon; c'eft lui qui, par fon adreffe & par fes rufes, fait en
tirer le produit, & qui le vend à l'etranger.

Cependant ce tableau n'a rien coûté à l'État, qu'un peu
d'une terre morte qui n'eft propre à aucune végétation,
que des huiles dont l'ufage feroit même nuifible aux hommes, & qui, fans la peinture, feroient des branches de
commerce & d'induftrie de moins.

Si ce n'eft pas le brocanteur qui vole le plus heureux
tableau du peintre commençant, ce fera l'amateur, qui,
paroiffant s'intéreffer à l'art, eft le plus grand tyran de
ceux qui le cultivent. Ces prétendus amateurs font des avares
qui ont toujours la louange à la bouche, & qui s'extafient
d'une manière hypocrite pour ne payer qu'en ftériles éloges
ou avec quelques dîners le jeune homme qui déploie fa
neuve imagination, quelquefois fans règle, mais avec un
feu & un génie qu'il ne retrouvera plus dans la fuite. Ces
amateurs font femblables à ces libertins qui trompent une
jeune vierge.

La patente que l'on demanderoit aux peintres reproduiroit parmi nous la maîtrife de *Saint-Luc*, qui a fuccombé
fous l'efpèce d'aviliffement dans lequel elle tenoit la peinture menacée alors d'en perdre jufqu'au nom. Elle tyrannifoit également & le pinceau & la broffe; elle mêloit
toutes les palettes. L'impofition de cette maîtrife, quoique
modique, perdit l'art en général. On ne vit plus que des
deffus de porte, & l'art de peindre devint un métier fous
les encours. On vendoit des tableaux à la toife.

Les jeunes peintres, à leur retour d'Italie, obligés, fous
peine de faifie, de fe faire recevoir tout de fuite de l'académie, ou de fe foumettre à cette maîtrife ridicule fi leur

peu de fortune les contraignoit de travailler d'abord pour leur besoin, bientôt avilis, chez le *maître juré* peintre, perdoient le fruit de leurs études, leur émulation, & même leur talent. Il falloit qu'ils cachassent leurs pinceaux, qu'ils payassent une somme qu'ils n'avoient pas, ou qu'ils allassent travailler dans l'atelier, ou sous la protection de quelques-uns de ces barbouilleurs qui, sans savoir manier un crayon, avoient acheté le privilège exclusif d'exercer les arts, dont un brevet leur donnoit le titre imposant.

Par l'obligation des patentes, vous allez recréer, citoyens représentans, la maîtrise de *Saint-Luc*, & former une classe de spéculateurs & d'entrepreneurs qui, prenant le titre de peintres en payant, vont tyranniser les arts, persécuter les commençans, & les faire renoncer à un titre qui les forceroit à une contribution que les plus habiles seroient peut-être le moins en état de payer. Elle ne leur rapporteroit rien après de longues études, des voyages, des recherches & des dépenses que l'étude d'aucun art n'occasionne comme la peinture.

Il y a plus; l'inégalité des talens est telle dans ces arts, que les lignes de démarcation sont impossibles à tracer. Il y a tant de peintres, tant de sortes de peintres, les uns peignant des visages ou des chaudrons, les autres des marines ou des enseignes, qu'il se trouve la même distance entre deux palettes qui semblent voisines, qu'entre la plume de Rousseau & l'encrier de Marat.

La révolution a encore achevé de bouleverser les écoles & de mettre des tyrans à la place des maîtres. Il fut un temps où le crime dans son empire avoit son horrible volupté, & faisoit obéir jusqu'aux arts faits pour consoler l'humanité. Il fut un temps où la palette même du peintre s'étoit chargée de couleurs cadavéreuses, & où il falloit à tout chef d'égorgement un tableau un buste ou une statue. Il faut oublier ces écarts honteux, ainsi que les images obscènes qui, sous tant de crayons corrupteurs, ont effrayé le regard de l'innocence.

Je dirai ici une importante vérité, & qui n'a pas encore été dite, du moins d'une manière solemnelle ; mais c'est à cette tribune, pour le bien de la patrie, & pour la destruction de plusieurs idées fausses & fantasques, que je veux la promulguer : c'est que les branches qui se détachent du tronc de la peinture, que je regarde comme une manie, comme une dangereuse erreur du genre humain (1), comme une tentative folle & ridicule ; c'est que les branches, dis-je, valent infiniment mieux que l'arbre même (2) ; & c'est ce qui forme, parmi nous, le dessin, qui perfectionne le sens de la vue, & qui produit les dessins riches & variés de nos manufactures, la forme riante de nos meubles & de nos ustensiles, la distribution plus commode de nos demeures, les compartimens de nos jardins ; voilà les branches heureuses & vivifiantes qui rendent nos voisins tributaires de notre inépuisable industrie. La main-d'œuvre s'est singulièrement perfectionnée, nous l'avouons avec plaisir & reconnoissance, par les arts de la peinture, de la sculpture & de l'architecture ; & c'est ainsi que nous avons fait envier & payer à nos voisins jusqu'à nos moindres colifichets : c'est que les élémens de ces arts sont bons, très-

---

(1) L'Italien, qui est fou de peinture, chez qui il n'y a pas de chaumières qui n'ait ses saints et ses madones, est un peuple superstitieux et lâche ; il s'abandonne à toutes les religieuses imbécillités que le pinceau a consacrées ; il est presque idolâtre avec ses cierges qui brûlent devant de petites figures.

L'Allemand a les yeux gâtés par les géans qu'il met à ses portes et les magots qu'il a dans ses maisons. La nature défigurée semble l'enchaîner dans le cercle des mêmes idées.

(2) C'est donc un ouvrage philosophique que celui qui nous démontrera combien la déplorable imitation des choses créées a obscurci l'entendement humain, a propagé d'erreurs, et nous a distraits par une nature factice de la vraie contemplation de la nature. L'imagination a tout perdu en ne demeurant pas sans cesse attachée au modèle. Peindre physiquement, c'est ne plus penser, c'est ne plus créer, c'est ne plus imaginer, c'est s'abâtardir.

bons ; & si l'homme n'avoit point été au-delà , il eût été très-sage. Il n'auroit pas voulu me peindre Romulus, Scipion & Caton , que je ne veux, que je ne peux voir que dans l'histoire (1). Il n'auroit pas voulu me représenter les rochers des Alpes , & l'Océan courroucé, que je puis voir, & dont toute imitation, nécessairement avortée, me fait sourire. Le dessin, dans ses élémens, est un véritable bienfaiteur ; je le regarde comme très-précieux , & vraiment utile à la République : mais, dès qu'il devient ambitieux, dès qu'il se marie à des couleurs , qu'il veut représenter la vie & la morale, il offense toute imagination vaste & sensible, il entreprend follement ce qu'il n'exécutera jamais ; il rampe sans cesse au-dessous de la nature vivante, & alors il est justement dédaigné de qui sait l'appercevoir : celui-là ne la voit jamais mieux que lorsqu'il ferme les yeux ; les ouvre-t-il, que de bamboches ! C'est à la poésie, à elle seule, à créer des tableaux qui imitent le vol de la pensée, & rendent la profondeur du sentiment (2).

C'est donc sous le seul point de vue des bienfaits multipliés du dessin que j'envisage les peintres, les sculpteurs, les architectes, & qu'ils méritent d'être distingués par quelques prérogatives des arts purement mécaniques, en ce que ceux qui manient les crayons fécondent une foule d'ateliers que nos voisins jaloux voudroient transporter chez eux ; & c'est après avoir mûrement examiné les nuances & les produits

---

(1) Voilà un tableau de *Socrate* ; il tient une *coupe*, il va boire : qu'est-ce que cela veut dire ? rien. C'est le *Phédon* qui me démontre la spiritualité, l'immortalité de l'ame, la réalité d'une autre vie. Le pauvre personnage tient toujours la coupe , mais il ne boit pas la ciguë ; donc plus d'immortalité.

(2) Pour l'œil de certain homme il n'y a pas un seul tableau dans le monde qui lui représente une fidèle image des objets qu'il a vus ; il n'en admire pas moins le peintre, mais ce n'est que lui qu'il voit. Voyagez en poste pendant six semaines, et puis regardez des tableaux de paysage.

de ces arts fondés fur le deffin ; que votre commiffion m'a chargé de vous propofer la réfolution fuivante.

PROJET DE RÉSOLUTION.

Le Confeil des Cinq-cents, fur la pétition des peintres, fculpteurs, graveurs, architectes, compris dans la cinquième claffe, comme devant être foumis au droit de patente ; confidérant qu'il n'a point voulu comprendre les arts libéraux avec les autres profeffions mercantilles ou ayant des relations commerciales,

Déclare qu'il y a urgence.

Et après avoir déclaré l'urgence, le Confeil prend la réfolution fuivante :

Les peintres, fculpteurs, graveurs, architectes, qui n'ont point de boutiques ni d'écriteaux, qui ne font aucune entreprife, foit en peinture, foit en fculpture, foit en bâtimens, ne font point compris dans la cinquième claffe, & ne font point foumis aux droits de patente.

Le Confeil a ordonné l'impreffion du projet de réfolution & l'ajournement.

A PARIS, DE L'IMPRIMERIE NATIONALE.
Brumaire, an V.